남극의
황제펭귄

Original Title: Emperor Penguins
Copyright © 2023 Dorling Kindersley Limited
A Penguin Random House Company

www.dk.com

남극의 황제펭귄

데버라 록

DK | 삼성출판사

차례

얼어붙은 땅

1월의 태양이 남극의 얼음 왕국을 내리비춰요. 햇빛에
반짝이는 눈 덮인 벌판과 바다가 만나는 곳에 황제펭귄
무리가 우르르 몰려들어요.

얼음 왕국, 남극

남극은 지구의 남쪽 맨
아래에 있어요. 우리나라보다
140배나 넓은 땅이 온통 눈과
얼음으로 뒤덮여 있어요.
춥기는 또 얼마나 추운지요.
겨울에는 주변 바다마저 꽁꽁
얼어붙어 땅덩어리가 더 커진
듯한 착각을 일으킬 정도예요.

여름

겨울

와들와들!

황제펭귄은 세상에서 가장 키가 크고 몸이 무거운 펭귄이에요. 윤기가 흐르는 데다 방수가 잘되는 두꺼운 깃털 층이 몸을 따뜻하게 유지시키고 물에 잘 젖지 않게 도와주지요.

방수가 잘되는 깃털 ──────○

펭귄은 참새나 비둘기처럼 새지만 하늘을 날지는
못해요. 날개가 짧고 평평한 데다 뻣뻣하기 때문이에요.
그 대신 펭귄은 날개를 지느러미 삼아 물속에서
자유롭게 움직이며 빠른 속도로 헤엄을 쳐요.
잠수 실력도 뛰어나서 물속을 헤젓고 다니며 물고기와
오징어 그리고 크릴새우를 잡아먹어요.

크릴새우

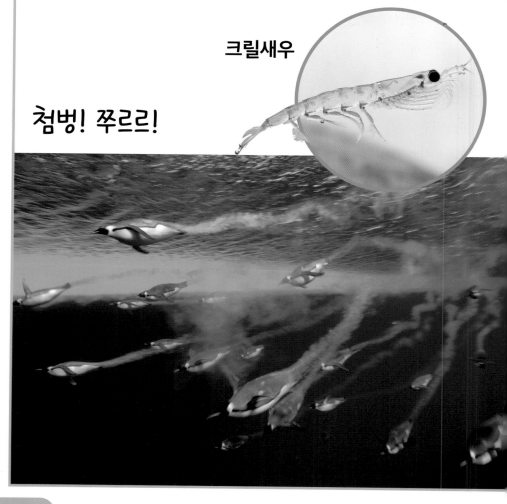

첨벙! 쭈르르!

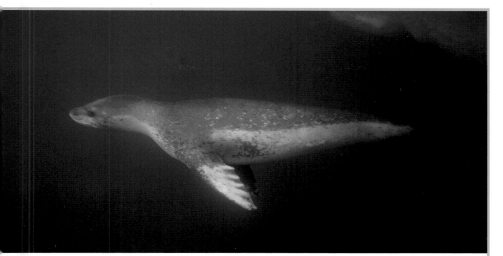

레오파드바다표범

황제펭귄이 사냥을 하러 바다로 뛰어들었어요.
어떡하죠? 레오파드바다표범이 얼음 아래 숨어 있다
와락 덤벼들어요.
황제펭귄이 헐레벌떡 얼음 위로
튀어 올라 달아나요.
"후유, 펭귄 살았다!"

위험해!

머나먼 여행

3월 말에는 바닷가를 떠나 육지 안쪽으로 먼 여행을
시작해요. 한번 떠나면 다시 바다로 돌아와 사냥하기
어려울 만큼 먼 곳이에요. 그래서 출발 전에 배가 터질
정도로 많이 먹어 두어야 하지요.
펭귄들이 길게 줄을 지어 뒤뚱뒤뚱 얼음 벌판을
걸어가요. 부서질 위험이 없는 단단한 얼음 덩어리에
도착하면 둥지를 틀고 새끼를 낳을 거예요.

썰매 타기

펭귄은 뒤뚱뒤뚱 걷다가 힘이 들면 얼음 위에 엎드린 채 썰매 타기를 해요. 날개와 발로 얼음을 밀며 씽씽 앞으로 나가요.

바닷가에서 멀리 떨어진
얼음 덩어리에 황제펭귄 무리가
형성되었어요. 무리 하나에만 50만
마리가 넘는 펭귄이 모여들지요.
한꺼번에 떠들어 대는 소리에
귀가 먹먹해요.
'펭귄 마을'에서는 짝짓기가
한창이에요. 수컷 펭귄이 암컷 펭귄의
마음을 얻기 위해 소리 높여 울어요.
수컷 펭귄에게 마음을 빼앗긴
암컷 펭귄이 다가와요.

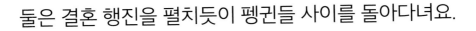

둘은 결혼 행진을 펼치듯이 펭귄들 사이를 돌아다녀요.

새끼 낳기

5월 중순이에요. 암컷이 동그란 알을 하나 낳아요.
암컷은 알을 낳느라 지친 데다 배가 고파요.
발 사이에 올려놓은 알이 다치지 않게 조심스레 움직여
수컷에게 다가와요. 알이 수컷의 발 사이로 옮겨져요.
알이 차가운 얼음에 닿으면 안 돼요. 수컷은 두껍고
따뜻한 깃털로 알을 포근히 감싸요. 암컷은 수컷과
알에게 작별 인사를 건네고 남극의 바다로 돌아가요.

6월이에요. 남극에는 겨울이 한창이에요. 기온은 영하 60도 아래로 떨어지고 매서운 눈보라가 펭귄의 몸을 할퀴고 지나가요.

수컷 펭귄들이 몸을 따뜻하게 유지하기 위해 다닥다닥 붙어 있어요. 이따금 안쪽에 선 펭귄과 바깥쪽에 선 펭귄이 자리를 바꿔요. 조심스레 알을 뒤집어 주는 일도 빼먹으면 안 돼요.

오로라

남극의 겨울 중 한 달 동안은 온종일 어두컴컴해요. 하지만 시커먼 밤하늘에 아름다운 빛 축제가 펼쳐지기도 해요. 오로라예요. 태양에서 나오는 전기를 띤 작은 알갱이들이 지구로 들어오다 공기에 부딪혀 빛을 내는 것을 오로라라고 해요. 오로라는 남극만이 아니라 북극에서도 나타나요.

새끼 키우기

8월에 접어들자 낮의 길이가 조금 길어졌어요.

여기저기서 새끼 펭귄들이 알을 깨고 나와요.

배가 고파 낑낑거리는 소리가 희미하게 울려 퍼져요.

수컷은 벌써 100일 넘게 아무것도 먹지 못했어요.

배가 고파 곧 쓰러지게 생겼어요.

하지만 안간힘을 다해

배 속에서 소화된 먹이를

토해 내 새끼에게 먹여요.

엄마 펭귄은 언제쯤

돌아올까요?

얼마나 지났을까요?

드디어 멀리서 암컷의 모습이 보여요.

지난겨울 동안 암컷은 배가 터지게 먹었어요.

그리고 아빠 펭귄과 아기 펭귄에게 돌아오기 위해

머나먼 얼음길을 힘겹게 헤쳐 왔어요.

엄마 아빠 고마워요!

엄마 펭귄과 아빠 펭귄은 머나먼
길을 바삐 오가며 물고기를 사냥해
와요. 둥지에 돌아오면 먹은 사냥감을 토해
새끼에게 먹여요. 엄마 펭귄과 아빠 펭귄의 배 속은 냉장고나
마찬가지예요. 며칠이 지나도 물고기가 싱싱하거든요. 물론 너무
오래되면 물고기는 소화되어 반죽이나 기름처럼 질척질척해져요.

수컷은 새끼를 암컷에게
넘겨주어요. 멈칫거릴
시간이 없어요. 차디찬
얼음과 바람이 새끼의
생명을 빼앗아 갈 수도
있으니까요.
새끼는 엄마 펭귄이
토해 주는 먹이를
먹어요. 얼마 만에
먹는 푸짐한 음식인지
모르겠어요.

수컷이 사냥에 나설 차례예요. 수컷과 교대한 암컷은 솜털이 보송보송 돋은 새끼를 돌봐야 하지요.

조심 또 조심

다른 동물의 새끼들도 다 그렇지만 펭귄
새끼들도 조심해야 할 게 참 많아요. 추위와
배고픔 때문에 목숨을 잃을 수도 있어요. 큰풀마갈매기나
남극도둑갈매기의 공격에도 맞서야 해요.

새끼의 덩치가 제법 커지면 엄마 펭귄과 아빠 펭귄은
새끼만 두고 사냥을 떠나요. 혼자 남은 새끼들은
뒤뚱뒤뚱 주변을 산책해요. 몸을 녹이기 위해
자기들끼리 다닥다닥 붙어 설 줄도 알아요.

바다로 사냥을 떠났던 수컷들이 둥지로 돌아왔어요.
배고픈 새끼들이 우는 소리에 얼음 벌판이 떠들썩한데,
이걸 어쩌지요? 다 똑같이 생겼는데 어떻게 자기 새끼를
찾을 수 있을까요?

걱정 마세요. 펭귄들은 저마다 독특한 소리를 낼 수
있으니까요. 수컷이 큰 소리로 새끼를 불러요. 그런 다음
새끼들이 대답하는 소리에 가만히 귀를 기울여요.
그렇다 하더라도 수많은 새끼들 가운데 한 마리를
찾아내기란 쉬운 일이 아니에요. 어떤 때는 새끼를
찾으려고 몇 시간씩 헤매기도 해요.

수컷과 암컷은 바다와 둥지 사이를 바쁘게 오가요.
그래야 자기 배를 채울 뿐만 아니라 새끼들을 먹여 키울
수 있으니까요.
여름이 가까워지면서 바다의 얼음이 자꾸만 녹아내리고
둥지에서 바다까지의 거리가 조금씩 짧아져요.
11월이 되자 바다는 둥지에서 엎어지면 코 닿을 만큼
가까워졌어요. 사냥 여행에 드는 시간이 줄어들면서
가족이 함께 보내는 시간이 늘어났어요.

성장 그리고 이별

보세요, 새끼가 거의 엄마 아빠만큼 커졌어요.
이제 엄마 아빠 펭귄들이 새끼들과 영원히 헤어질 때가
되었어요. 새끼들만 남겨 두고 바다로 떠나는 거예요.

조금 더 시간이 지나면
새끼들도 둥지를
떠날 거예요.

털갈이

12월은 털갈이 철이에요. 새끼의 몸을 덮고
있던 회색빛 솜털이 빠지고, 반지레 윤기가
흐르는 데다 방수도 잘되는 깃털이 새로
돋아나요.

어느새 1년이 지나 다시 1월이에요. 어린 펭귄들이
반짝거리는 푸른 바다로 모험을 떠나요.
배가 고파요. 얼른 먹잇감을 잡아야겠어요.
무엇보다 얼음처럼 차가운 바닷물에 뛰어든다는
기대감에 온몸이 짜릿해요.

쭈르르, 쭈르르!
첨벙첨벙!
풍덩!

용어 정리

남극
지구 남쪽 맨 아래에 있는 추운 곳

대륙
지구를 구성하는 일곱 개의 크고 넓은 땅덩어리

방수
물이 스며들거나 새지 못하게 막는 일

오로라
태양에서 나오는 전기를 띤 작은 알갱이들이 지구로 들어오다 공기에 부딪혀 빛을 내는 현상

크릴새우
작은 새우와 비슷한 모양이며 남극 주변의 바다에 많이 산다.

털갈이
짐승이나 새의 오래된 털이 빠지고 새 털이 나는 일

퀴즈

이 책을 읽고 무엇을 알게 되었는지 물음에 답해 보세요.
(정답은 맨 아래에 있어요.)

1. 황제펭귄은 어디에 살까요?

2. 황제펭귄을 노리는 바다 동물은 무엇일까요?

3. 수컷 펭귄과 암컷 펭귄 가운데 새끼가 알을 깨고 나올 때까지 알을 품는 펭귄은 어느 쪽일까요?

4. 알을 품는 수컷 펭귄들은 어떻게 몸을 따뜻하게 유지할까요?

5. 엄마 펭귄과 아빠 펭귄은 어떤 방법으로 새끼를 먹일까요?

6. 새끼 펭귄의 몸을 덮고 있던 솜털이 빠지고 깃털이 새로 돋아나는 일을 무엇이라고 부를까요?

1. 남극 2. 레오파드바다표범 3. 수컷 펭귄 4. 서로 다닥다닥 붙어 있다.
5. 삼켰던 먹이를 토해 내서 먹인다. 6. 털갈이

DK 읽는 재미!
SUPER Readers

아이들의 흥미와 발달을 모두 고려한
체계적인 읽기 프로그램 <DK 읽는 재미>.
스트레스 없는 책 읽기를 통해
아이들의 문해력이 자연스럽게 향상됩니다.

LEVEL 1

스스로 읽어요

취학 전~ 초등 1학년